休休文庫

羅振玉 羅福頤 編著

出品 休休文庫

策劃主編 鄭伯象

貞松堂吉金圖·羅振玉藏器

卷上

國家圖書館出版社

出版説明

羅振玉（一八六六—一九四〇），字叔蘊，號雪堂，晚號貞松老人，出生於江蘇淮安，祖籍浙江上虞。考古學家、金石學家、出版家。辛亥革命後東渡日本，一九一九年回國，居天津。一九二四年奉溥儀召，入直南書房。一九二八年冬，羅氏携帶大量內閣檔案及自藏金石古器遷居旅順，并築住宅與藏書樓。在大連開設墨緣堂書鋪。一九三三年在旅順設庫籍整理處，整理出版其所藏內閣大庫史料。一九三七年六月退休，一九四〇年六月於旅順病逝。

羅振玉酷愛古器收藏，所藏器物繁多，文字精美，他的收藏在當時直到當代都是收藏家、學者重點關注的對象。羅振玉逝世後，大多數收藏入藏旅順博物館，據不完全統計有各類古器物三千五百件，甲骨卜辭二千二百五十件，大庫檔案二百三十件，各種圖書一千二百種四千册，書畫作品一百餘幅。羅氏在世時編印的收藏圖録及目録是最爲系統的，有發掘之功，又具科學整理法，成爲當代器物史學術研究的一代典範。

羅振玉居住天津時，曾因目睹民生憔悴，出售過大量藏品以濟世，遷居旅順後又收入三代器物百餘品，秦漢以降器物數十品，加上天津帶來的部分，特親自考訂器名後，命其子羅福頤編訂成册，便是這次影印的《貞松堂吉金圖》，於一九三五年印畢發行。

原書用當時成本極昂的珂羅版印刷，其操作是將古器進行實物攝影製版，直接用玻璃版印刷，是我們能看到最早的實物圖片的書籍，擺脱了手工描繪的出版時代，內容更加真實可靠，賞心悦目。此書開本巨大，典雅莊重，分綫裝三卷，今依照原樣分册原色原大影印，上卷收入三代青銅器五十八件，中卷收入三代青銅器七十七件，下卷收入秦漢晉宋古器六十三件。羅振玉在出版製作上的思考，直接爲學術界提供了更加新鮮的資料。

羅振玉在本書序言裏對收藏聚散深發感慨：「人生得失莫不有天焉，即物之聚散，亦有數存乎其間。予之於古文物，適然而得之，亦適然而存之，求損而適得益，莫非任之自然。」這段文字可視爲一代收藏大家的人生感悟，是這本書裏除學術價值外，留給我們的精神財富，摘此以供雅好收藏的讀者品鑒。

原書目録無頁碼，現已添朱字標注。最後附録羅振玉旅順故居（位於今旅順新市區洞庭街）的現今攝影，攄懷舊之蓄念，發思古之幽情。希望這本古書的影印能夠再次發揮其實用價值，發掘未盡之意義。

休休堂編輯室

二〇二一年四月

羅振玉先生像

（一八六六年八月八日——一九四〇年五月十四日）

貞松堂吉金圖

貞松堂吉金圖

乙亥孟冬
墨緣堂印

予生平無他好圖書以外惟喜收集古文物及丁國變萬念都絕避地海東時第以箸書遣日而已丁巳冬曾取所蓄古彝器編為夢郼草堂吉金圖其明年秋取續得之器別為續編意謂金石之壽有時不如楮墨既為之編印流傳則器之聚散當一任其自然固不必私之一己也及丁未返國寓居津沽目擊民生顛頓救死不贍苦不能出之水火而登之衽席然亦思薄有以濟之既斥鬻舊藏書畫名迹以拯京旗民族之顛連無告者將繼是而斥鬻古器以廣吾志顧海內物力實已虛耗又當道慆淫佚樂之不暇安知古器物者用是所售曾不及什一洎甲子冬值 宮門之變履境彌艱飾巾待盡己巳移家遼東雖挾所藏與俱幸舟車運輸得無恙然當是時七尺之軀且嫌疣贅更何有乎長物於舊藏既無意保存寧復更有求益之想然往在津沽時結習未能盡泯嘗於李山農後人許見靜敦愛其文字精且多酬以重金致之吾齋京津沽人時挾器求售間亦應焉先後所得復足償所失居遼六年間頗聞洹水故墟出殷器至夥而購求者稀南北知好復遠道寄示且歷陳商況之艱苦予用是展轉思維曩者予謀斥舊藏以活人所願既不克償今茲所見宜雲烟等視何注意為顧念古物有盡若不得所歸至可矜惜且以是時購求殆亦利濟之一端於是仍事收集乃又得三代器百餘品秦漢以降器數十品合以津沽所得爰命兒子福頤編次為貞松堂吉金圖三卷而以三代及漢石刻各一與唐封泥宋木榻拊馬編中所載若皐氏之鑰中鑵之蓋魚鼎之匕□量鄀權馬節馬銜匕首酒盌與夫金馬書刀並為前賢所未睹考古所取資影印既成爰弁語簡首以示人生得失莫不有

天焉即物之聚散亦有數存乎其間予之於古文物適然而得之亦適然而存之求損而

適得益莫非任之自然視世之計取力營蒙於義利之辨一意於得而惟恐其或失者為

有間矣書之以告當世之讀是編者乙亥仲秋上虞羅振玉書於遼東寓居之七經堪

貞松堂吉金圖目錄

鬲 三

㠯父丁鬲 四字 二十六

王𦣞姬𡚬女鬲 十四字 二十七

虢文公子鬲 十八字 二十八

彝 五

魚彝 一字 二十九

𦣞寶彝盉 三字 三十

豐𦣞從彝 四字 三十一

小臣宅彝 五十二字 三十二

静彝 九十字 三十三

毁 四

滕虎毁 十四字 三十四

德克毁 二十一字 三十五

鄦侯少子毁 三十六字 三十六

白家父毁 三十八字 三十七

簠 二

虒侯簠 十字 三十八

楚子簠 十七字 三十九

尊 一

載父丁尊 七字 四十

壺 三

才壺 蓋器各三字 四十一

孟載父壺 六字 四十二

盛季壺 六字 四十三

卷中 三代器下七十七品

姑觶蓋器各三字 九
凵兄丁觶 三字 十
亞且辛觶 四字 十一
郐王觶 十字 十二
又 三十五字 十三

爵 二十一

隹爵 一字 十四
屠豕形爵 一字 十五
克爵 一字 十六
亞中戈爵 一字 十七
且癸爵 二字 十八
父辛爵 二字 十九
父壬爵 二字 二十
父癸爵 二字 二十一
帝甲爵 二字 二十二
子䍐爵 二字 二十三
子蝠形爵 二字 二十四
亞弓爵 二字 二十五
亞癸爵一 二字 二十六
又二 二字 二十七
又三 二字 二十八
隹卯爵 二字 二十九
子父丁爵 三字 三十
𡚸父丁爵 三字 三十一
亯父己爵 三字 三十二
鼎父辛爵 三字 三十三
丹父癸爵 三字 三十四

盤 一

夆尗盤 三十六字 三十五

雜器 十四

兵器 二十八

卷下 秦漢至晉宋以降器凡六十三品

晉宋以降器 十九

貞松堂吉金圖卷上

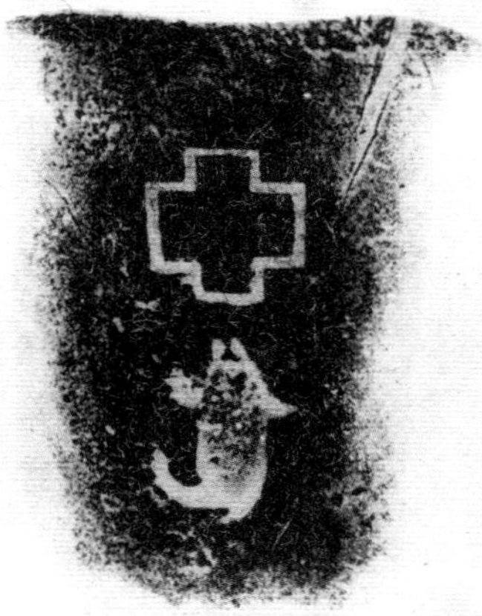

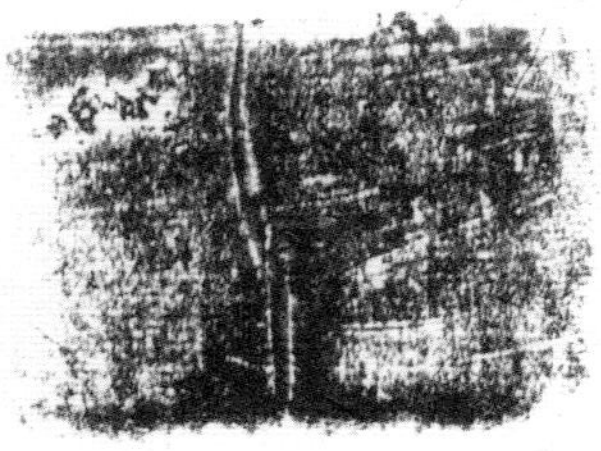

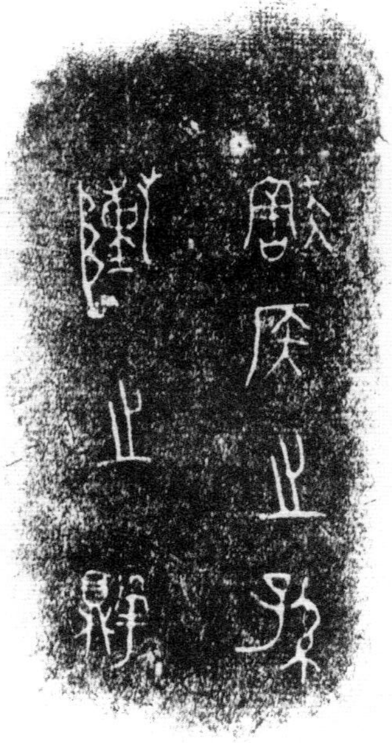

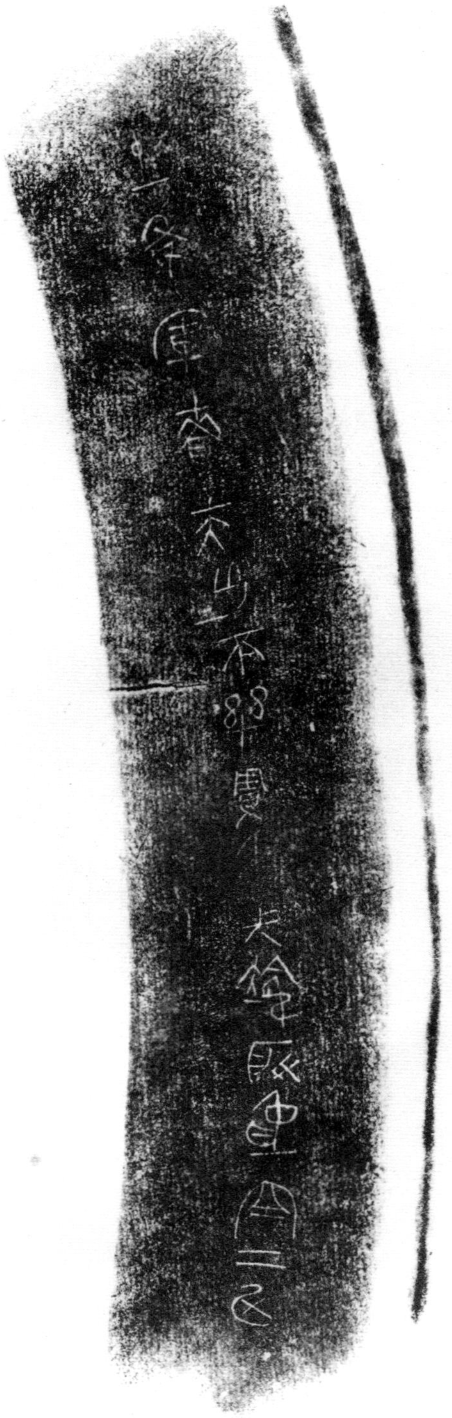

王乍（作）盟姬
尊般（盤）其萬
年子孫永
寶用

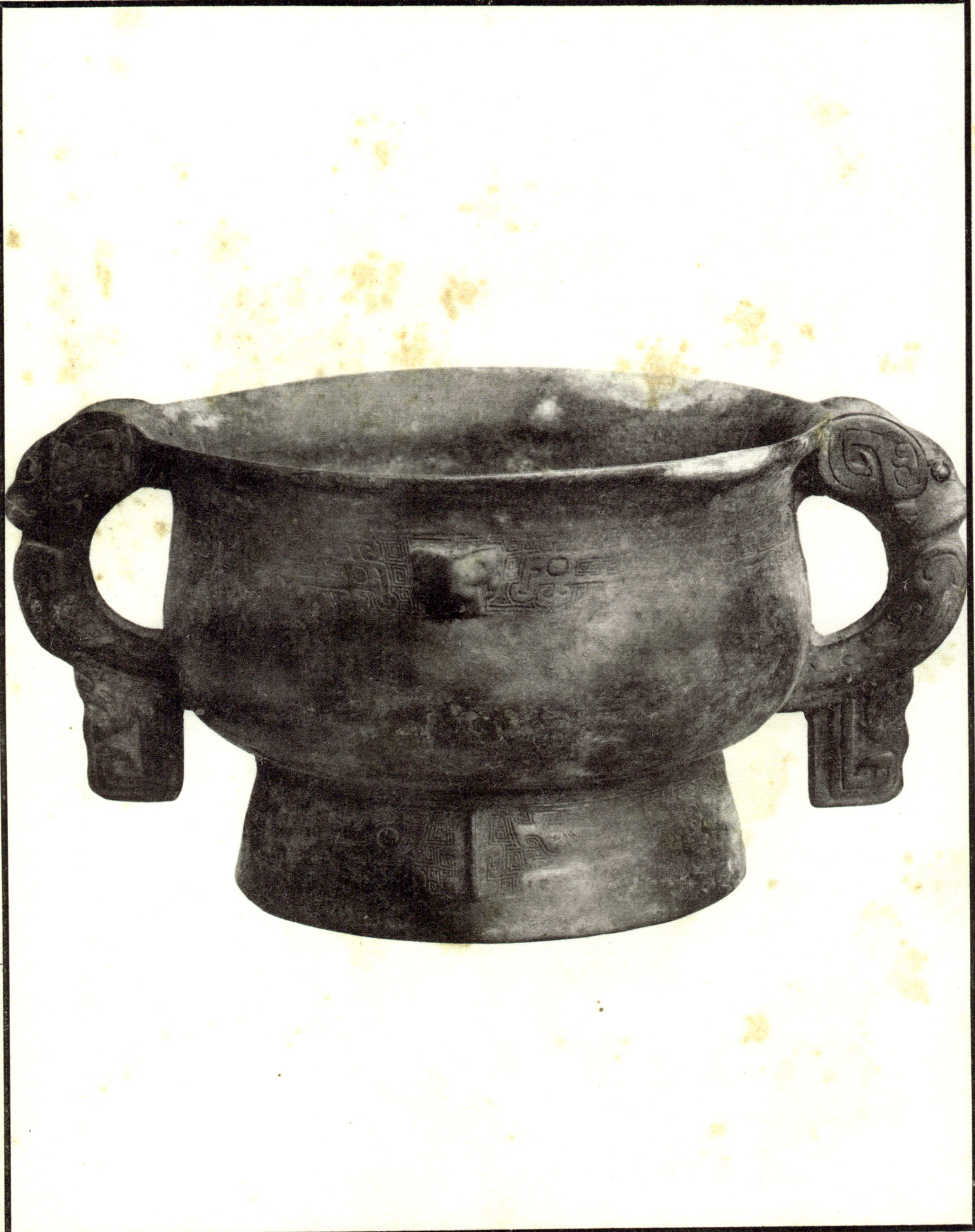

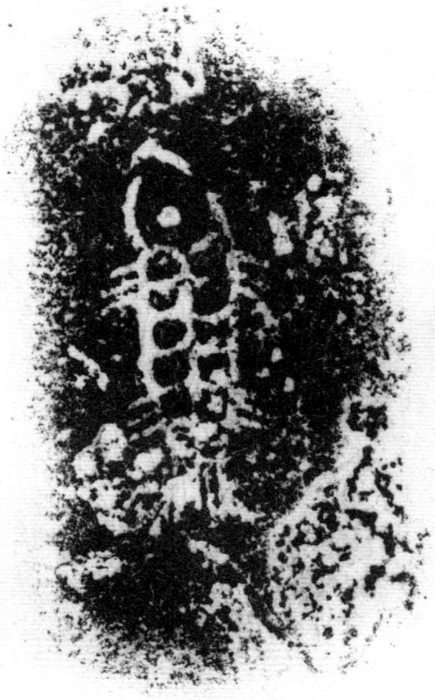

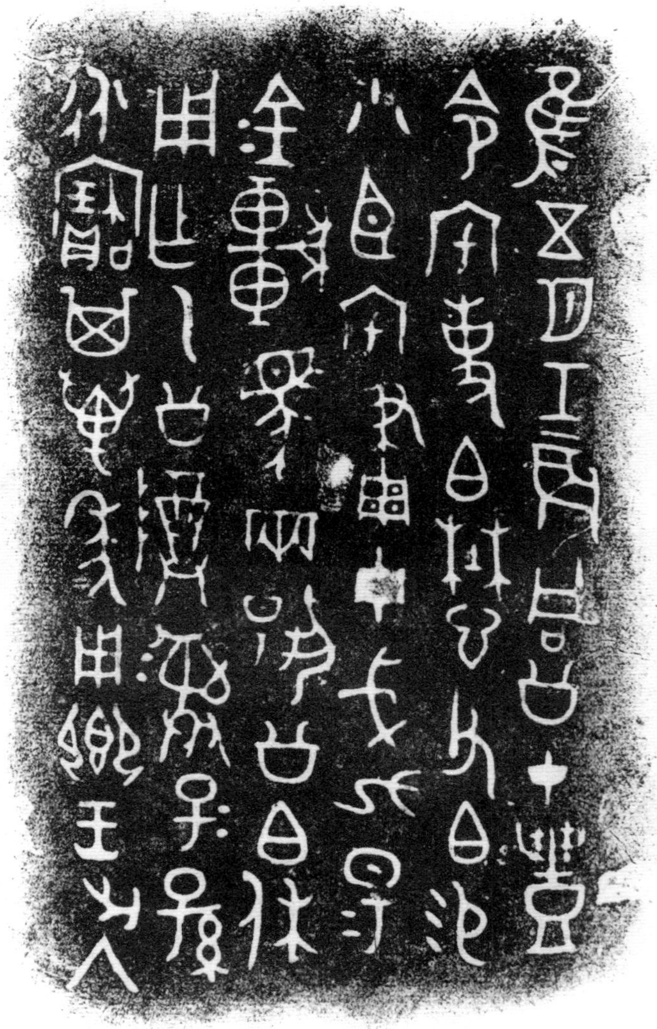

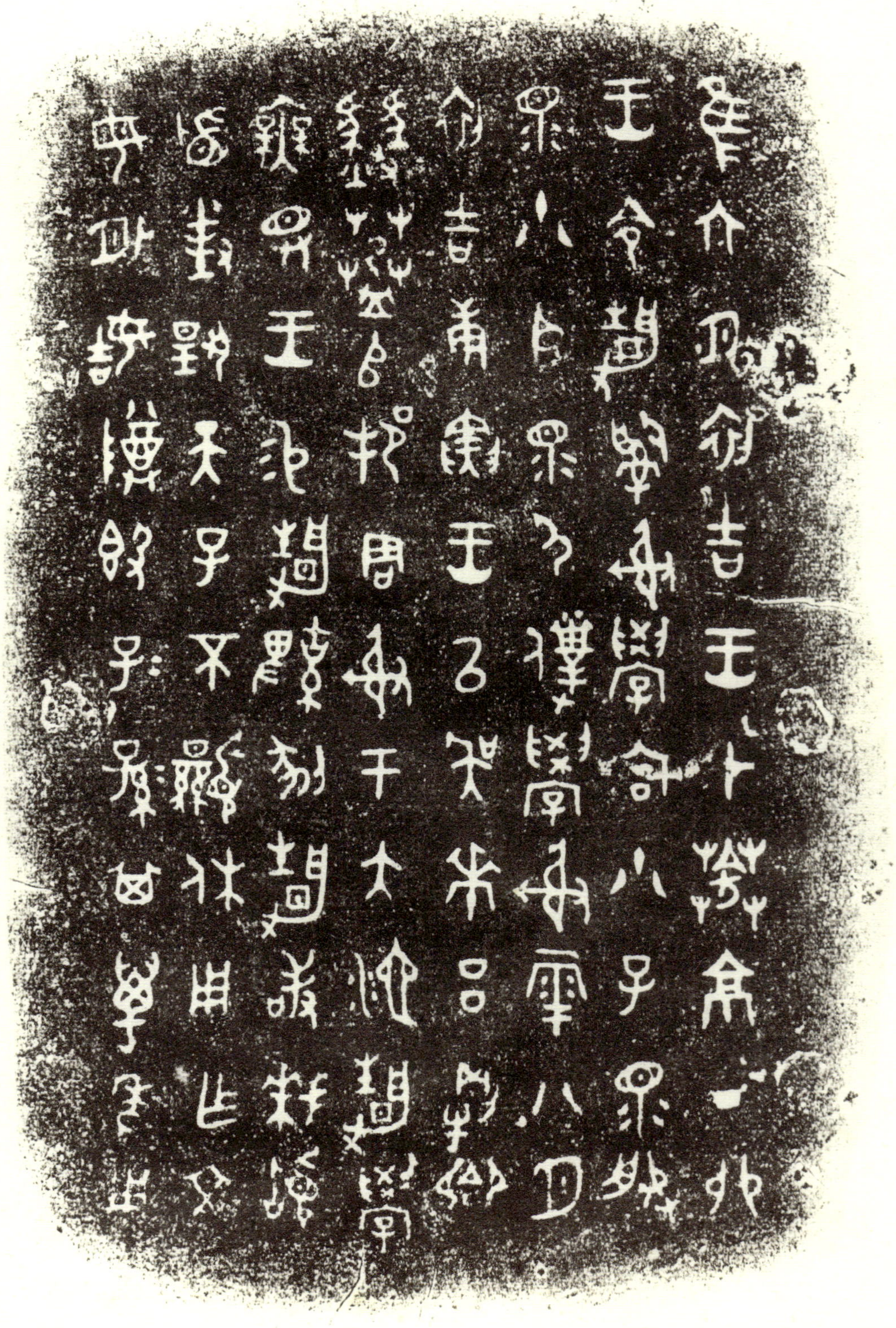

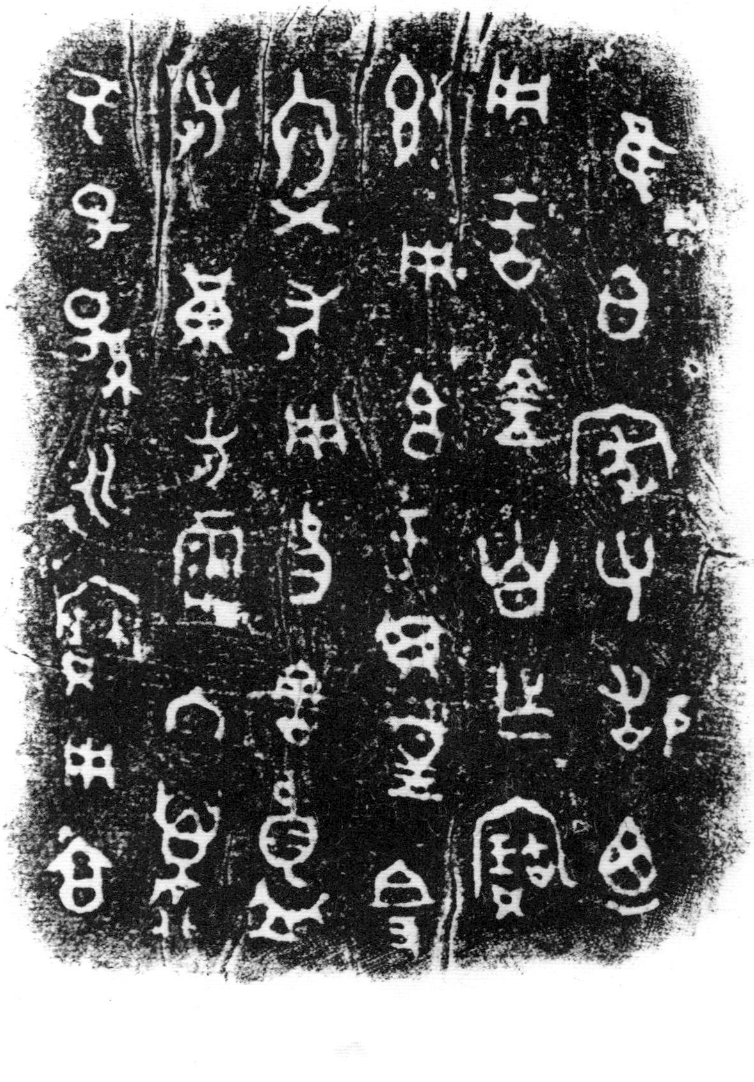

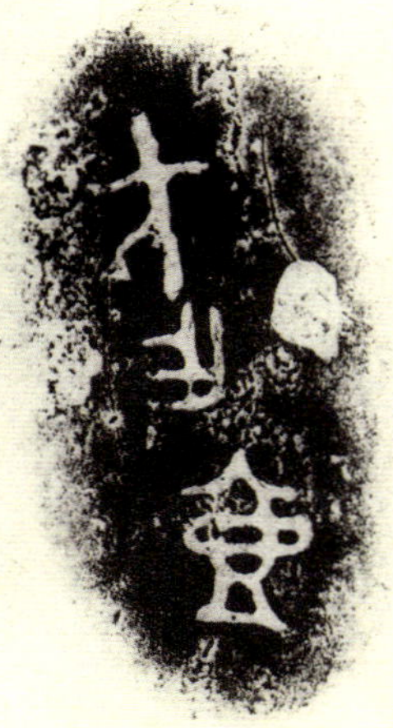

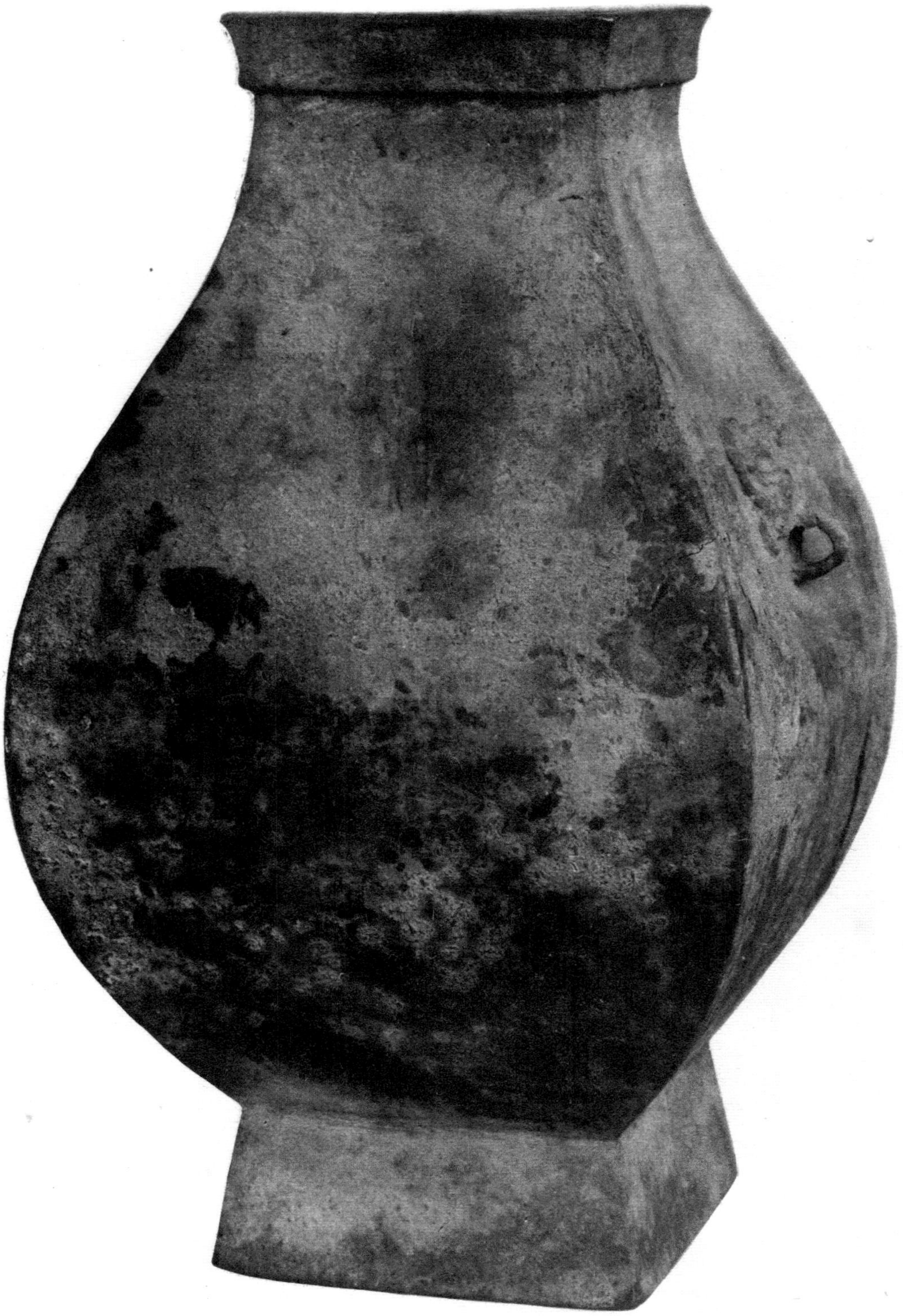

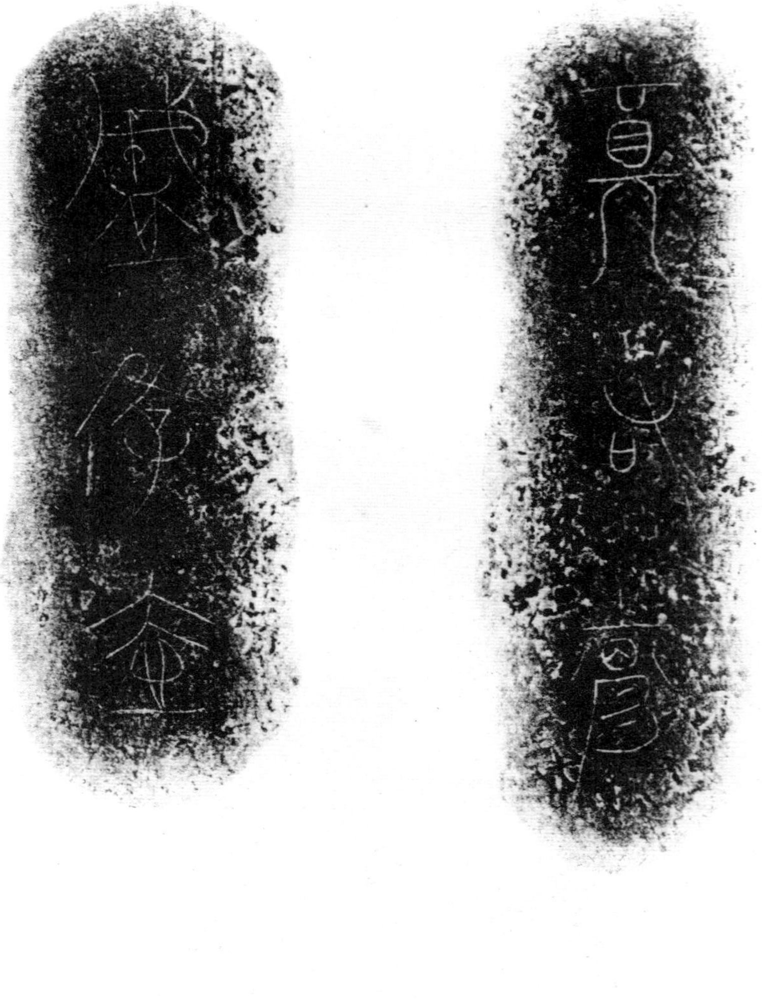

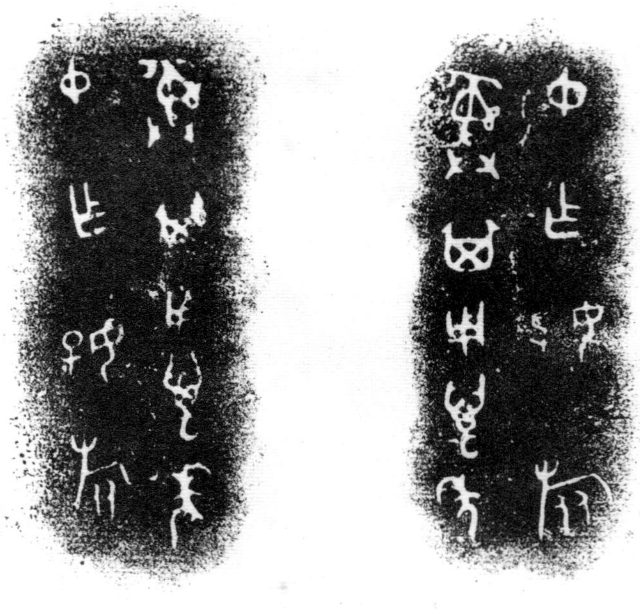

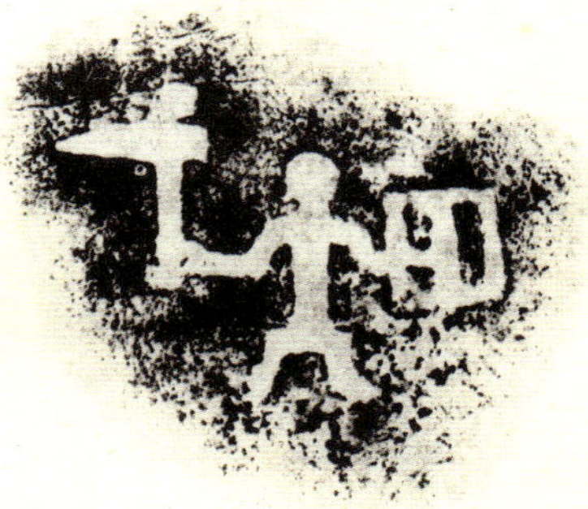

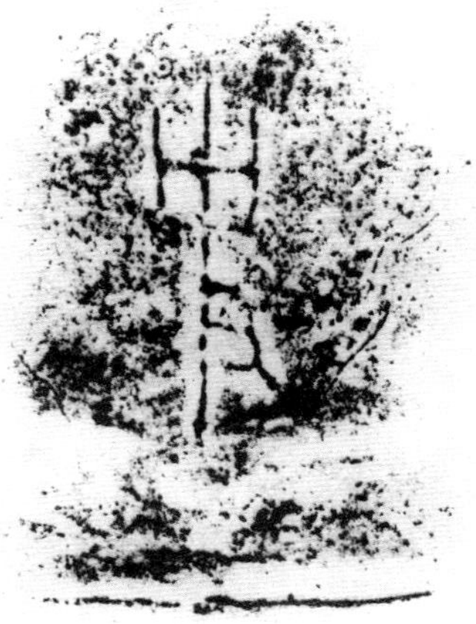

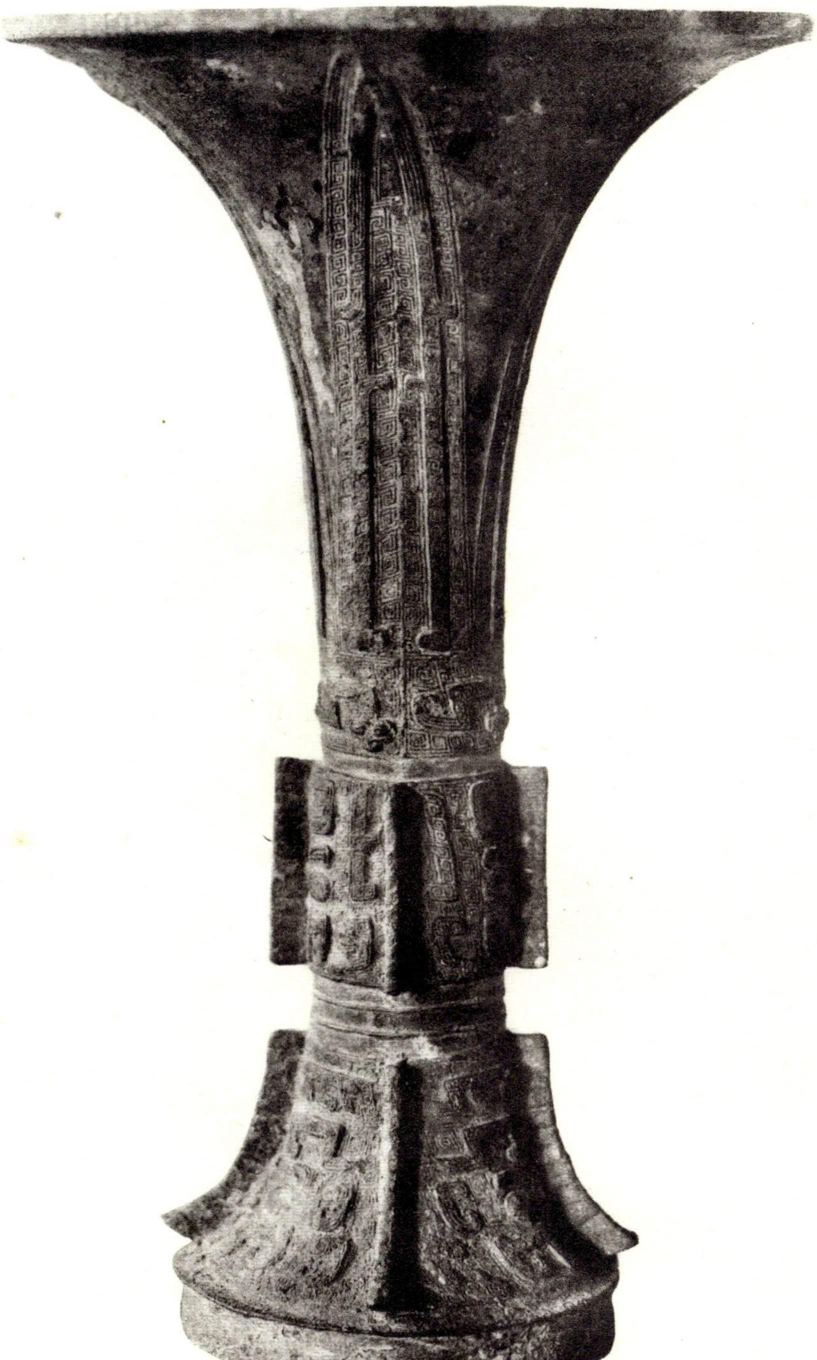

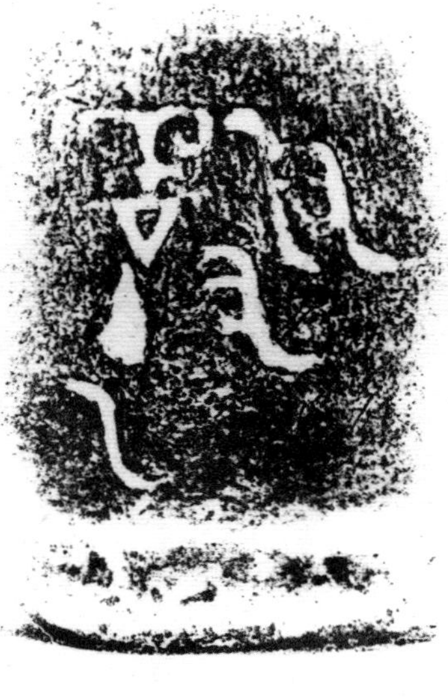

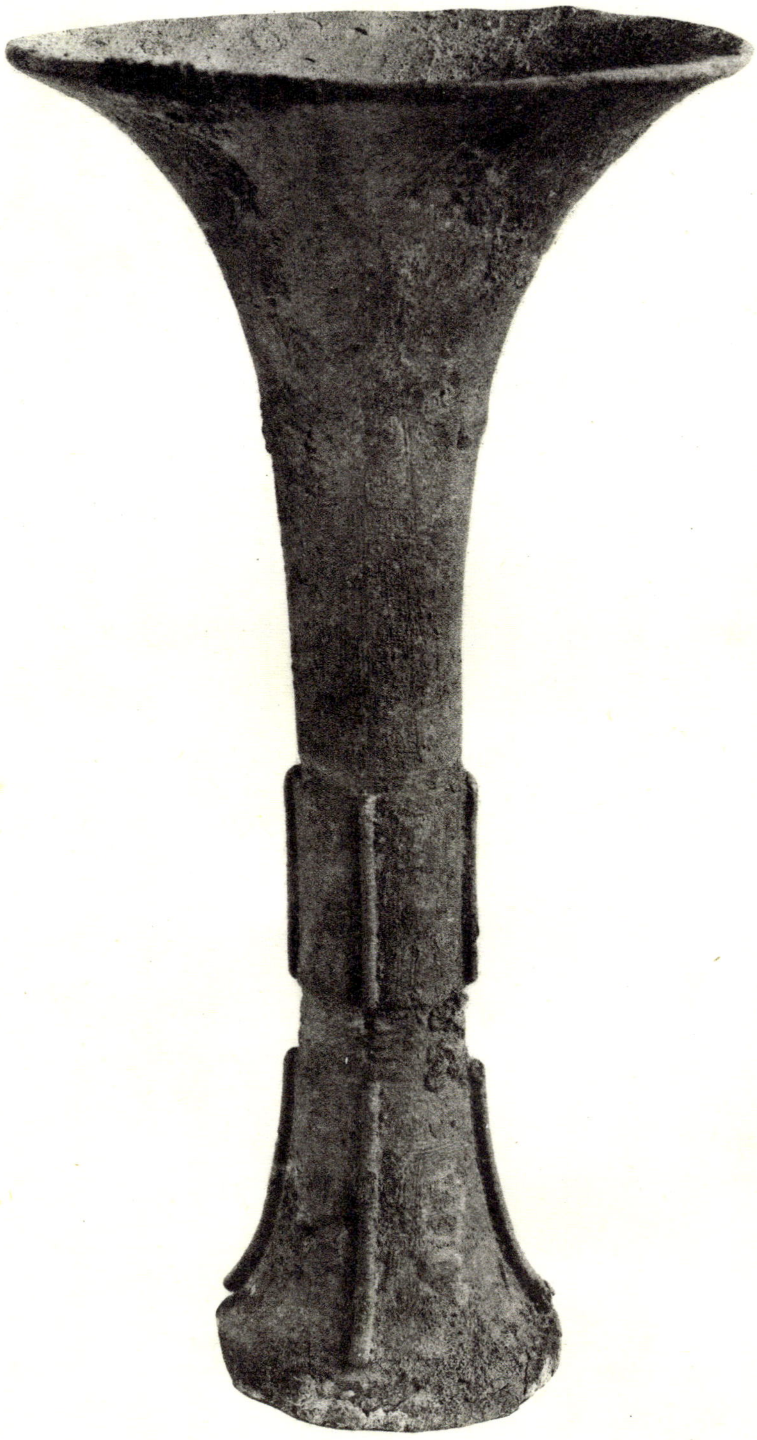